W0468890

Aldidente mini

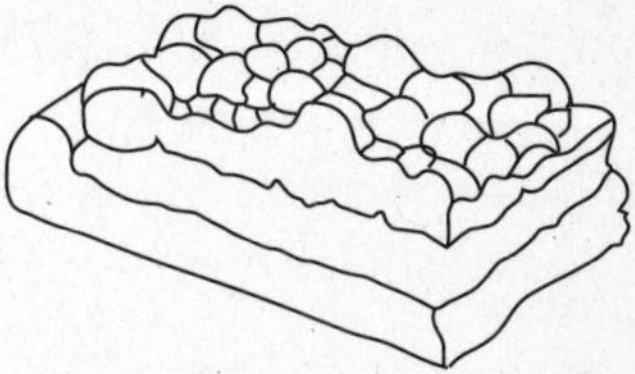

Aldidente mini

Die 55 besten Rezepte Blechkuchen

Zusammengestellt von Dorothee Wahl

Eichborn.

Die Zutaten für die Rezepte sind in der Regel bei ALDI erhältlich. Manche Artikel gibt es dort jedoch nur saisonal oder regional, gelegentlich auch unter abweichenden Markennamen. Ausgefallenere Zutaten bekommt man manchmal nur auf dem Markt, in Feinkostgeschäften oder „gehobeneren" Lebensmittelläden.

1 2 3 4 05 04 03

Umschlagillustration: Uschi Heusel
Lektorat: Judith Schneider
Satz und Layout: Christiane Hahn
Druck und Bindung: Fuldaer Verlagsagentur, Fulda
ISBN 3-8218-4821-9

Verlagsverzeichnis schickt gern:
Eichborn Verlag, Kaiserstr. 66, 60329 Frankfurt
www.eichborn.de

Inhaltsverzeichnis

Uhr: Backofen:

Allgemeine Hinweise

- Mehl immer sieben, dann wird der Kuchen besonders locker! Backpulver, Speisestärke oder Kakao mit Mehl vermischen und mitsieben.
- Stets unbehandelte Zitronen benutzen.
- Die Rezepte gelten im Regelfall für ein normales Backblech: 30 x 40 cm.
- Blech mit höherem Rand: Fettpfanne, wird normalerweise zum Auffangen des Bratfetts benutzt, also für Blechkuchen, die hoch aufgehen.
- Runde Blechpfanne: Rundes Backblech 4 cm hoch, 28 cm Durchmesser.
- Alle vorliegenden Rezepte werden auf der mittleren Schiene gebacken.
- Blechkuchen am besten immer auf einem Rost auskühlen lassen, damit sich keine Flüssigkeit bilden kann und der Kuchen nicht aufweicht.

1. *Hefeteig*

- **1/4 l Milch**
- **350 g Mehl**
- **1/2 Würfel frische Hefe oder 1 Pck. Trockenhefe**
- **50 g Zucker**
- **1/2 TL Salz**
- **1 Ei**
- **65 g Butter**
- **nach Belieben geriebene Zitronenschale**
- **Backblech: Fett**

Milch erwärmen. Einige EL der Milch mit zerkrümelter Hefe und 1 TL Zucker verrühren. Mehl in eine Schüssel sieben und in der Mitte eine Mulde drücken. Hefeteig in die Vertiefung geben. Immer von der Mitte aus mit Mehl vermischen. Mit einem Küchentuch abdecken und an einem warmen Ort 20 Minuten gehen lassen. Dann die übrigen Zutaten – Ei, Fett (immer in kleinen Stücken), Flüssigkeit, Zucker, Salz, Zitronenschale – dazugeben. Mit Rührgerät mit Knethaken durchmischen und gut durchkneten. Den Teig zu einem Kloß formen, mit wenig Mehl bestäuben und wieder zugedeckt an einem warmen Ort 40 Minuten gehen lassen. Jetzt wird der Teig fast doppelt so groß. Nun auf Blechgröße ausrollen und auflegen. Die Ränder hochdrücken. Mit einer Gabel mehrmals in den Teig stechen, damit er keine Blasen werfen kann. Vor dem Belegen nochmals 10 Minuten ruhen lassen. Backen.

Elektro: 200 Grad, Umluft: 180 Grad,
Gasofen: Stufe 2; vorheizen

5 Minuten

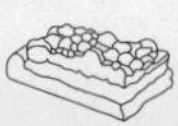

2. *Selterskuchenteig*

- **4 Eier**
- **3 Tassen Mehl**
- **2 Tassen Zucker**
- **1 Tasse Öl**
- **1 Tasse Selters**
- **1 Pck. Backpulver**
- **Backblech: Fett**

Mehl und Backpulver nach und nach mit den anderen Zutaten verrühren. Backen.

Elektro: 180 Grad, Umluft: 160 Grad, Gasofen: Stufe 2; vorheizen

45 Minuten

3. *Mürbeteig*

- **500 g Mehl**
- **2 TL Backpulver**
- **1 Prise Salz**
- **200 g Zucker**
- **2 Pck. Vanillin-Zucker**
- **250 g kalte Butter**
- **2 Eigelb**
- **8 EL kaltes Wasser**
- **Backblech: Fett**

Mehl mit Salz und Zucker in eine Schüssel sieben. Butter dazugeben und mit den Fingerspitzen bröselig verreiben. Eine Vertiefung in die Krümelmasse drücken, Wasser und Eigelb hineingießen und zu einer krümeligen Masse verarbeiten. Mit Handballen und Fingerspitzen bearbeiten, bis ein weicher, nicht klebriger Teig entstanden ist. Zu einem Ball formen, in Klarsichtfolie wickeln und etwa 30 Minuten kalt stellen. Verkneten und ausrollen. Backen.

Elektro: 180 Grad, Umluft: 160 Grad, Gasofen: Stufe 2; vorheizen

40-45 Minuten

4. *Quark-Öl-Teig (ohne Ei !)*

- **200 g Quark**
- **2-6 EL Milch**
- **8 EL Sonnenblumenöl**
- **80 g Zucker**
- **2 TL Backpulver**
- **400 g Mehl**
- **Backblech: Fett**

Zutaten verkneten. Der Teig wird feucht, aber nicht zu klebrig aufs Blech gedrückt, beliebig z. B. mit Äpfeln, Rosinen und Zimt oder Mandeln belegt und gebacken. Schmeckt lecker mit Schlagsahne.

Elektro: 200 Grad, Umluft: 175 Grad,
Gasofen: Stufe 3; vorheizen

20 Minuten

5. *Rührteig*

- **200 g Zucker**
- **400 g Mehl**
- **1 Pck. Vanillin-Zucker**
- **1 Pck. Backpulver**
- **300 g Butter**
- **1 Prise Salz**
- **4 Eier**
- **100 g Stärkemehl**
- **6-8 EL Milch**
- **Backblech: Fett**

Butter, Eier, Salz, Zucker und Vanillin-Zucker schaumig schlagen. Mehl, Backpulver und Stärkemehl mischen und unter den Teig rühren. So viel Milch zugeben, bis der Teig schwer reißend vom Löffel fällt.

Elektro: 180 Grad, Umluft: 160 Grad,
Gasofen: Stufe 2; vorheizen

etwa 50 Minuten

6. *Bienenstich*

- **375 g Mehl**
- **1 Pck. Trockenhefe**
- **50 g Zucker**
- **1 Pck. Vanillin-Zucker**
- **1 Prise Salz**
- **1 Ei**
- **200 ml lauwarme Milch**
- **50 g zerlassene, abgekühlte Butter**

Mehl mit Trockenhefe vermischen und Zucker, Vanillin-Zucker, Salz, Ei, Milch und Butter dazugeben. Mit Handrührgerät (Knethaken) erst auf niedriger, dann auf höchster Stufe in 5 Minuten vermischen. Teig zugedeckt an einem warmen Ort etwa 20 Minuten gehen lassen.

Dann gut durchkneten und auf Backblech ausrollen. Mehrmals mit einer Gabel einstechen. Zugedeckt nochmals 20 Minuten an einem warmen Ort gehen lassen.

BELAG:

- **150 g Butter**
- **150 g Zucker**
- **1 Pck. Vanillin-Zucker**
- **2-3 EL Schlagsahne**
- **200 g gehobelte Mandeln**

Für den Belag Butter mit Zucker und Vanillin-Zucker in einem Topf unter ständigem Rühren erwärmen. Sahne und Mandeln hinzufügen und kurz aufkochen lassen. Nach leichter Abkühlung Gemisch auf dem Teig verteilen. Backen und erkalten lassen.

FÜLLUNG:

- **2 Pck. Puddingpulver (Vanillegeschmack)**
- **75 g Zucker**
- **750 ml Milch**
- **250 ml Schlagsahne**
- **1 Pck. Sahnesteif**
- **Backblech: Fett**

Für die Füllung Pudding aus Puddingpulver, Zucker und Milch nach Packungsanleitung zubereiten und kalt stellen. Ab und an umrühren. Sahne mit Sahnesteif steif schlagen und unter den Pudding rühren. Kuchen vierteln, einmal waagerecht durchschneiden und mit der Creme füllen.

Elektro: 200-220 Grad, Umluft: 180-200 Grad, Gasofen: Stufe 4; vorheizen

etwa 15 Minuten

7. *Schwarzwälder Kirschschnitten*

- **5 Eigelb**
- **3 EL heißes Wasser**
- **150 g Zucker**
- **1 Pck. Vanillin-Zucker**
- **110 g Mehl**
- **40 g Speisestärke**
- **1 TL Backpulver**
- **1 EL Kakao**
- **1 Msp. Zimt**

BELAG:

- **2 Gläser Sauerkirschen**
- **100 g Zucker**
- **4-5 EL Speisestärke**
- **3 EL Kirschwasser**
- **1 l Sahne**
- **4 Pck. Sahnesteif**
- **2 Pck. Vanillin-Zucker**
- **geraspelte Schokolade und Kakao zum Verzieren**
- **Backblech: Fett**

5 Eigelb mit heißem Wasser, Zucker und Vanillin-Zucker schaumig rühren.

Mehl mit Backpulver, Speisestärke, Kakao und Zimt vermischen und vorsichtig mit der Eiermasse verrühren. Auf Backblech streichen, backen, auskühlen lassen.

Für den Belag Kirschen, Kirschsaft und Zucker in einem Topf aufkochen lassen. Die in kaltem Wasser angerührte Speisestärke hinzugeben. Kirschwasser hinzugeben. Abkühlen lassen, dann auf Teigboden verteilen und fest werden lassen.

Sahne mit Sahnesteif und Vanillin-Zucker steif schlagen und auf Kirschboden streichen. Mit Schokolade und Kakaopulver verzieren.

Elektro: 180 Grad, Umluft: 150 Grad,
Gasofen: Stufe 2-3; vorheizen

etwa 20 Minuten

8. *Gefüllter Nusskuchen*

- **Grundteig, siehe Quark-Öl-Teig (Rezept Nr. 4)**

BELAG:

- **200 g Butter**
- **200 g Zucker**
- **250 g gemahlene Haselnüsse**
- **2 Eier**

DECKE:

- **300 g Blätterteig**

FÜLLUNG:

- **1 Pck. Vanille-Puddingpulver**
- **1/2 l Milch**
- **3 EL Zucker**
- **250 g weiche Butter**
- **Backblech: Fett**

Den Grundteig auf ein Blech geben. Butter im Topf erhitzen. Zucker und Haselnüsse einrühren und von der Kochstelle nehmen. Eier unterrühren. Belagmasse auf den Teig geben und backen.

Puddingpulver in etwas kalter Milch verquirlen. Restliche Milch mit dem Zucker kurz aufkochen lassen, das angerührte Puddingpulver dazugeben und nochmals aufkochen lassen. Butter schaumig schlagen und zu der Puddingmasse geben. Kalt stellen.

Blätterteig auf einer mit Mehl belegten Fläche ausrollen und dann auf ein mit kaltem Wasser abgespültes Backblech legen, mit einer Gabel einstechen und backen. Auskühlen lassen. Die Puddingcreme auf den abgekühlten Nusskuchen streichen und die Blätterteigdecke darauf setzen.

Mehlteig: Elektro: 200 Grad, Umluft: 180 Grad, Gasofen: Stufe 3; vorheizen; Blätterteig: Elektro: 220 Grad, Umluft: 200 Grad, Gasofen: Stufe 4; vorheizen

Mehlteig: etwa 35 Minuten. Blätterteig: etwa 10 Minuten

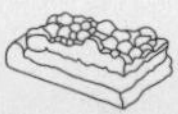

9. *Donauwelle*

- **250 g Butter**
- **175 g Zucker**
- **6 Eier**
- **350 g Mehl**
- **1 Pck. Backpulver**
- **2 EL Kakao**
- **1 Glas Sauerkirschen (720 ml)**

CREME:

- **1 Pck. Puddingpulver, Vanillegeschmack**
- **1/2 l Milch**
- **75 g Zucker**
- **250 g Butter**
- **abgeriebene Schale und Saft einer Zitrone**

GUSS:

- **100 g Zartbitterschokolade**
- **100 g Vollmilchschokolade**
- **50 g Kokosfett**
- **Backblech: Fett**

Sauerkirschen abtropfen lassen. Butter mit Zucker schaumig schlagen, Eier unterrühren. Mehl und Backpulver unter den Teig rühren. Teigmasse teilen und die Hälfte des Teigs mit Kakao verrühren. Die andere Hälfte auf dem Blech glatt streichen. Kakaoteig darüber streichen und Kirschen auf Teig verteilen. Backen und auskühlen lassen.

Puddingpulver mit 6 EL Milch und Zucker verrühren. Restmilch aufkochen, Puddingpulver einrühren und kurz aufkochen lassen. Abkühlen. Butter, Zitronenschale und -saft cremig rühren, Vanillepudding hinzufügen. Buttercreme auf den kalten Kuchen streichen und 2-3 Stunden kühl stellen. Schokolade mit Fett im Wasserbad schmelzen und über die Creme streichen.

Elektro: 180 Grad, Umluft: 150 Grad, Gasofen: Stufe 2-3; vorheizen

etwa 30 Minuten

10. *Mohn-Quark-Kuchen*

- **1/2 Würfel Hefe**
- **50 g Zucker**
- **200 ml lauwarme Milch**
- **400 g Mehl**
- **50 g Butter**
- **1 Prise Salz**
- **1 Ei**

MOHNBELAG:

- **250 g gemahlener Mohn**
- **1/4 l Milch**
- **150 g Zucker**
- **2 Pck. Vanillin-Zucker**
- **125 g Marzipanrohmasse**

QUARKBELAG:

- **4 getrennte Eier**
- **150 g Zucker**
- **2 Pck. Vanillin-Zucker**
- **500 g Quark (20%)**
- **1 Pck. Puddingpulver, Vanillegeschmack**
- **150-200 ml Milch**
- **Backblech: Fett**

Hefe mit 1 TL Zucker in der Milch auflösen und zugedeckt 10 Minuten an einem warmen Ort gehen lassen. Butter, restlichen Zucker, Mehl und Salz vermischen und mit Hefeteig verkneten. Zugedeckt an einem warmen Ort auf doppelte Größe aufgehen lassen.

Für den Mohnbelag Milch kurz aufkochen lassen, dann Zucker, Vanillin-Zucker und Mohn hineingeben und erneut aufkochen lassen, von der Kochplatte nehmen. Zerkleinertes Marzipan unter die Mohnmasse rühren. Für den Quarkbelag Eigelbe, Zucker und Vanillin-Zucker schaumig schlagen. Quark, Puddingpulver und Milch dazugeben. Steif geschlagene Eiweiße unterheben. Den nochmals durchgekneteten Hefeteig auf einem Blech ausrollen und Rand hochziehen. 10 Minuten gehen lassen. Die Mohnmasse auf dem Teig verstreichen. Die Quarkmasse auf die Mohnschicht geben. Backen.

Elektro: 180 Grad, Umluft: 150 Grad,
Gasofen: Stufe 2-3; vorheizen

etwa 45 Minuten

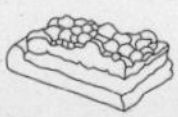

11. *Frankfurter Cremeschnitten*

- 250 g Butter
- 200 g Zucker
- 1 Pck. Vanillin-Zucker
- Geriebene Zitronenschale
- 4 Eier
- 250 g Mehl
- 2 TL Backpulver

KROKANT:

- 1 Msp. Butter
- 30 g Zucker
- 75 g abgezogene, gehackte Mandeln
- Speiseöl

FÜLLUNG:

- 300 ml Milch
- 1 Pck. Tortencreme Vanillegeschmack
- 200 g Butter

Butter mit Handrührgerät auf höchster Stufe schaumig rühren und Zucker, Vanillin-Zucker und Zitronenschale dazugeben. Eier langsam unterrühren. Dann Mehl mit Backpulver unterrühren und den Teig auf einem Blech glatt streichen. Backen. Den Gebäckboden erkalten lassen und waagerecht durchschneiden. Zur Erstellung der Krokantplatte Butter und Zucker in eine Pfanne rühren und schwach bräunen. Mandeln hinzufügen und erhitzen. Eine Platte mit Öl bestreichen und Krokantmasse darauf streichen. Nach Erkalten in kleine Stücke zerstoßen.

Für die Füllung aus angegebenen Zutaten nach Packungsanleitung eine Creme bereiten. Die untere Kuchenplatte mit zwei Drittel der Creme bestreichen und Kuchenboden darauf legen. Kuchenoberfläche und den Rand mit Creme bestreichen und ein wenig Creme in einen Spritzbeutel füllen. Den Kuchenrand mit Krokant bestreuen.

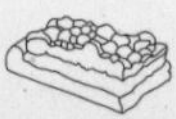

Zum Garnieren:
- **Maraschinokirschen**
- **Backblech: Backpapier, Fett**

Die Oberfläche mit der Creme aus Spritzbeutel und mit Maraschinokirschen verzieren. Kalt stellen.

Elektro: 180 Grad, Umluft: 160 Grad, Gasofen: Stufe 2-3; vorheizen

etwa 25 Minuten

12. *Lamberty-Stollen*

- 750 g Mehl
- 2 Pck. Backpulver
- 350 g Zucker
- 2 Pck. Vanillin-Zucker
- 1 TL ger. Zitronenschale
- 2 EL Rum
- 1 Msp. Kardamon
- 1 Msp. gem. Nelken
- 3 Eier
- 275 g Margarine
- 375 g trockener Quark
- 200 g Rosinen
- 100 g feingewürfeltes Zitronat
- 200 g gem. Haselnüsse
- einige Tropfen Bittermandelaroma
- 125 g aufgelöste Butter
- 3 TL Puderzucker
- Backblech: Fett

Mehl und Backpulver auf die Arbeitsfläche geben. In die Mitte eine Vertiefung eindrücken und Zucker, Vanillin-Zucker, Zitronenschale, Gewürze und Eier hineingeben. Alles zu einem dickem Brei verrühren. Den Quark und die in kleine Stücke geschnittene Margarine dazugeben und alles zu einem glatten Teig verkneten. Die gewaschenen und getrockneten Rosinen mit Bittermandelaroma, Zitronat und den gemahlenen Haselnüssen unter den Teig heben. Teig zu einer Rolle formen, diese mit den Händen etwas flach drücken und die eine Teighälfte über die andere schlagen.
Den Stollen auf das Backblech legen. Mit einer Manschette aus Alufolie umschließen und backen.
Mit Butter bepinseln und Puderzucker bestäuben.
Den erkalteten Stollen vor dem Anschneiden 10-14 Tage in Folie gerollt an einem kühlen Ort aufbewahren.

Elektro: 180 Grad, Umluft: 150 Grad,
Gasofen: Stufe 2; vorheizen

etwa 70-90 Minuten

13. *Gefüllter Streuselkuchen*

- **Grundteig, siehe Hefeteig (Rezept Nr. 1)**

FÜLLUNG:

- **2 Pck. Puddingpulver (Vanille-, Sahne-, Karamell- oder Mandelgeschmack)**
- **100 g Zucker**
- **2 Eier**
- **1 l Milch**
- **75 g weiche Butter**

STREUSEL:

- **300 g Weizenmehl**
- **150 g Zucker**
- **1 Pck. Vanillin-Zucker**
- **200 g weiche Butter**
- **50 g gemahlene Mandeln oder Haselnusskerne**
- **Backblech: Fett und Backpapier**

Den Grundteig auf bemehlter Arbeitsfläche gut durchkneten und auf Backblech ausrollen. Backen. Backblech auf einen Kuchenrost stellen und erkalten lassen.

Für die Füllung Puddingpulver mit etwas Milch und Zucker anrühren, dann das Ei hinzugeben. Die restliche Milch zum Kochen bringen, angerührtes Puddingpulver hineinrühren und kurz aufkochen lassen. Den Topf von der Kochstelle nehmen und die Butter esslöffelweise unterrühren. Pudding-Butter-Creme erkalten lassen, dabei ab und zu umrühren.

Den Kuchen vom Blech nehmen, vierteln und jedes Gebäckstück einmal waagerecht durchschneiden. Das untere Viertel mit Pudding-Butter-Creme bestreichen und mit dem oberen Viertel bedecken.

Elektro: 200-220 Grad, Umluft: 180 Grad, Gasofen: Stufe 4; vorheizen

etwa 25 Minuten

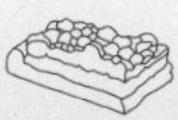

14. *Marzipanstollen*

- **200 g Sultaninen**
- **4 EL Rum**
- **600 g Mehl**
- **40 g Hefe**
- **100 g Zucker**
- **1/4 l lauwarme Milch**
- **100 g weiche Butter**
- **150 g zimmerwarmes Butterschmalz**
- **je 50 g fein geschnittenes Zitronat und Orangeat**
- **100 g gehackte Mandeln**
- **1 TL abgeriebene Zitronenschale**

FÜLLUNG:

- **100 g Marzipanrohmasse**
- **50 g Puderzucker**
- **2 TL Rum**
- **3 EL Schlagsahne**
- **je 1 EL gemahlene Haselnüsse, Mandeln, Kokosflocken**

Hefe, 1 TL Zucker und 1/8 l Milch verquirlen. Mehl in eine Schüssel geben und in die Mitte eine Vertiefung drücken. Hefegemisch in die Vertiefung gießen und mit etwas Mehl einen Teig anrühren. Zugedeckt an einem warmen Ort etwa 20 Minuten gehen lassen. Sultaninen mit Rum begießen.

Butter und Butterschmalz in Flöckchen schlagen und mit dem restlichen Zucker, Milch, Zitronat, Orangeat, Mandeln, Zitronenschale und den Sultaninen mit dem Vorteig verkneten. Den gut durchgekneteten Teig etwa 1 Stunde zugedeckt gehen lassen.

Marzipan, Puderzucker, Rum, Schlagsahne, Haselnüsse, Mandeln, Kokosflocken und Pflaumen verkneten und zu einer Rolle formen. Teig ein weiteres Mal durchkneten und auf bemehlter Fläche zu einem Rechteck ausrollen. Die Marzipanrolle darauf legen, den Teig aufrollen, auf Blech legen und weitere 15 Minuten gehen lassen. Backen.

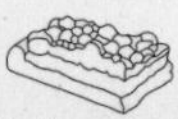

- je 50 g fein geschnittene, getrocknete Pflaumen

Ausserdem:

- 150 g zerlassene Butter
- 150 g Puderzucker
- Backblech: Fett

Mit Butter bepinseln und mit Puderzucker bestäuben.

Elektro: 200 Grad, Umluft:180 Grad, Gasofen: Stufe 3; vorheizen

etwa 60 Minuten

15. *Ananas-Nuss-Kuchen*

- 300 g Roggenmehl
- 200 g Butter
- 170 g Puderzucker
- 1 Prise Salz
- 1 TL und 4 EL Zitronensaft
- 1 Ei
- 750 g Ananasringe
- 50 g Zucker
- 100 g Cashewkerne, grob gehackt
- Backblech: Backpapier

Butter in Stückchen schneiden, mit Mehl, 100 g Puderzucker, Salz, Ei und 1 TL Zitronensaft verkneten und zur Kugel formen. In Klarsichtfolie wickeln und 1 Stunde kühl stellen. Dann den Teig auf Backblech ausrollen.

Ananasringe abtropfen lassen und halbieren. Mit Zucker bestreuen, kurz ziehen lassen. Ananas auf den Teig legen und mit Cashewkernen bestreuen. Backen. Den restlichen Puderzucker mit Zitronensaft verrühren und über den Kuchen streichen.

Elektro: 200 Grad, Umluft: 180 Grad, Gasofen: Stufe 3-4; vorheizen

etwa 20 Minuten

16. *Tante Gretchens Apfeltarte mit Deckel*

- **500 g Mehl**
- **1 Pck. Trockenhefe**
- **1/4 l lauwarme Milch**
- **50 g Zucker**
- **1 Pck. Salz**
- **75 g zerlassene Butter**
- **1 Ei**

BELAG:

- **1 kg Kochäpfel (z. B. Cox Orange oder Boskop), in dünne Spalten geschnitten**
- **100 g Rumrosinen**
- **etwas Zucker**
- **Blechpfanne: Fett**

Mehl mit übrigen Zutaten in eine Schüssel geben und gut verrühren, bis ein geschmeidiger Teig entsteht, der sich vom Schüsselrand löst. Teig mit etwas Mehl bestäubt und einem Küchentuch bedeckt an einem warmen Ort aufgehen lassen, bis er sich verdoppelt hat. Auf eine bemehlte Arbeitsfläche geben und verkneten, drei Viertel vom Teig abnehmen, ausrollen und in Blechpfanne legen. Teig noch etwas gehen lassen und mit einer Gabel mehrmals einstechen. Mit den Apfelspalten kreisförmig belegen, die abgetropften Rosinen und den Zucker darüber streuen. Von dem Restteig einen Deckel dünn ausrollen und über die Apfeltarte legen, deren Rand man vorher mit etwas lauwarmem Zuckerwasser bestrichen hat, damit er festklebt. Backen. Nach dem Backen den Deckel noch heiß mit Zuckerwasser bepinseln und mit Kristallzucker bestreuen.

Elektro: 200 Grad, Umluft: 180 Grad, Gasofen: Stufe 3-4; vorheizen

etwa 30 Minuten

17. *Herbststrudel aus Bozen*

- **1 kg Kochäpfel (z. B. Cox Orange oder Boskop)**
- **300 g grüne Trauben**
- **100 g Butter**
- **100 g Zucker**
- **50 g Honig**
- **100 g gehackte Walnüsse**
- **1 EL Zimt**
- **200 g Blätterteig**
- **1 Eigelb zum Bestreichen**
- **Backblech: mit Wasser besprenkelt**

Äpfel schälen und in kleine Scheiben schneiden. Trauben halbieren, entkernen und zu den Apfelscheiben geben. Butter in einer Pfanne zerlassen, Zucker einstreuen und leicht bräunen. Das Obst darin 5-10 Minuten dünsten. Vom Herd nehmen und mit Honig, Nüssen und Zimt vermischen. Abkühlen lassen. Blätterteig auf Backblech ausrollen und die Apfelmasse darauf verteilen. Teig aufrollen und mit der Naht nach unten auf das Blech legen. Mit Eigelb bestreichen und goldgelb backen.

Elektro: 200 Grad, Umluft: 180 Grad,
Gasofen: Stufe 3-4; vorheizen

etwa 45 Minuten

18. *Heidelbeer-Blechkuchen (ohne Ei!)*

- **20 g Hefe**
- **50 g Sauerrahm**
- **80 g Akazienhonig**
- **550 g Dinkelmehl**
- **250 ml lauwarmes Wasser**
- **1 TL Meersalz**
- **75 g weiche Sauerrahmbutter**
- **600 g Heidelbeeren**
- **200 g Sauerrahm**
- **4 EL Akazienhonig**
- **Backblech: Backpapier**

Hefe mit 2 EL Wasser in einer Schüssel anrühren. Sauerrahm mit Honig vermischen und zur Hefe geben. Mit Butter, Dinkel, Salz und Wasser zu einem Teig verarbeiten. 1-2 Stunden zugedeckt gehen lassen. Nochmals gut durchkneten und auf Backblech legen. 200 g Sauerrahm mit 4 EL Akazienhonig vermischen und auf den Boden streichen. Darüber die Heidelbeeren geben. 10 Minuten ruhen lassen und dann backen.

Elektro: 200 Grad, Umluft: 180 Grad,
Gasofen: Stufe 3-4; vorheizen

etwa 40-45 Minuten

19. *Südtiroler Apfelstrudel*

- **250 g Mehl**
- **1 Ei**
- **100 g Butter in Flöckchen**
- **1 Prise Salz**
- **2 EL Semmelbrösel**
- **50 ml zerlassene Butter**
- **Puderzucker**

FÜLLUNG:

- **1 kg Kochäpfel (z. B. Boskop oder Cox Orange)**
- **75 g Zimtzucker**
- **50 g Rosinen**
- **25 g Mandelsplitter**
- **25 g Pinienkerne**
- **nach Belieben abgeriebene Schale einer Zitrone**
- **Backblech: Fett**

Das Mehl auf eine Arbeitsfläche geben und eine Vertiefung formen. Butter, Ei und Salz hineingeben und mit Mehl zu einem elastischen Teig verkneten. Zu einer Kugel formen und eine Stunde abgedeckt ruhen lassen.

Äpfel schälen, vierteln und mit Zimtzucker bestreuen. Zitronenschale, Rosinen, Mandelsplitter und Pinienkerne dazugeben.

Ein Küchentuch mit Mehl bestreuen und auf die Arbeitsfläche legen. Den Strudelteig ausrollen und hauchdünn über die Handrücken ausziehen (je dünner, desto besser). Teig mit zerlassener Butter bestreichen und mit Semmelbrösel bestreuen. Die Füllung auf den Teig geben und diesen aufrollen. Auf das Backblech setzen, mit zerlassener Butter bestreichen und goldgelb backen. Mit Puderzucker bestäuben, heiß servieren.

Elektro: 200 Grad, Umluft: 180 Grad, Gasofen: Stufe 3-4; vorheizen

etwa 50 Minuten

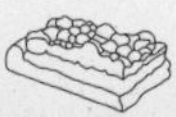

20. *Rhabarberkuchen mit Quarkguss*

- **400 g Mehl**
- **3 TL Backpulver**
- **125 g Zucker**
- **1 Pck. Vanillin-Zucker**
- **1/2 Fl. Butter-Vanille-Aroma**
- **1 Prise Salz**
- **2 Eier**
- **250 g Butter**

Belag:

- **1-1,2 kg Rhabarber**
- **100-200 g Zucker**

Guss:

- **4 Eier**
- **1/2 Fl. Butter-Vanille-Aroma**
- **200 g Zucker**
- **1 Pck. Vanillin-Zucker**
- **500 g Magerquark**
- **20 g Speisestärke**
- **Tiefes Backblech: Fett**

Teigzutaten verrühren. Zutaten mit Handrührgerät (Knethaken) kurz auf niedrigster, dann auf höchster Stufe vermischen. Danach auf einer bemehlten Arbeitsfläche zu glattem Teig verkneten. Wenn er noch kleben sollte, muss er in Folie gewickelt eine Zeit lang kalt gestellt werden. Teig auf Blech ausrollen und einen Streifen Aluminiumfolie vor ihn legen. Mehrmals mit einer Gabel einstechen und 25 Minuten backen. Erkalten lassen.

Rhabarber putzen, in 4 cm lange Stücke schneiden, auf Kuchenboden verteilen und mit Zucker bestreuen.

Für den Guss Eier, Zucker und Vanillin-Zucker schaumig rühren und mit Quark und Speisestärke vermischen. Den Guss über die Rhabarberstücke gießen. Weitere 25-30 Minuten backen.

Elektro: 180 Grad, Umluft: 160 Grad,
Gasofen: Stufe 2-3; vorheizen

etwa 50 Minuten

21. *Zwetschenkuchen*

- **1/2 Würfel Hefe**
- **80 g Zucker**
- **130 ml lauwarme Milch**
- **60 g Margarine**
- **380 g Mehl**
- **1 Prise Salz**
- **1 Ei**

BELAG:

- **2 kg Zwetschen**
- **Backblech: Fett**

Hefe mit 1 TL Zucker in der Milch auflösen. Zugedeckt an einem warmen Ort etwa 10 Minuten gehen lassen.

Mehl mit Zucker und Salz vermischen. Zerlassene und etwas abgekühlte Margarine mit Ei und Mehlmasse vermischen, zusammen mit dem Hefeteig in eine große Schüssel geben und mit Knethaken zu glattem Teig verarbeiten. Diesen zugedeckt an einem warmen Ort aufgehen lassen, bis er die doppelte Größe erreicht hat. Den Hefeteig durchkneten, auf das Blech rollen und die Ränder hochziehen. Weitere 10 Minuten gehen lassen.

Zwetschen halbieren, entsteinen, die obere Rundung einschneiden und dachziegelartig auf Kuchenboden verteilen. Backen.

Elektro: 225 Grad, Umluft: 200 Grad,
Gasofen: Stufe 4; vorheizen

etwa 30 Minuten

22. *Kiwi-Baiser-Schnitten*

- **300 g Mehl**
- **200 g Butter, in Stücke geschnitten**
- **70 g Puderzucker**
- **1 Prise Salz**
- **1/2 TL Zitronensaft**
- **1 Ei**
- **800 g Kiwi**
- **4 Eiweiß**
- **100 g Zucker**
- **200 g Haselnussblättchen**
- **Backblech: Backpapier**

Butter mit Mehl, Puderzucker, Salz, Ei und Zitronensaft gut verkneten und zu einer Kugel formen. In Folie wickeln und 1 Stunde kühl stellen.

Geschälte Kiwis in Scheiben schneiden. Den Teig auf dem Backblech ausrollen, mit Kiwischeiben belegen und etwa 30 Minuten backen.

Zucker zu Eiweiß geben und steif schlagen. Den Kuchen mit Eimasse bestreichen und mit Haselnussblättchen bestreuen. Weitere 10 Minuten bei 180 Grad backen.

erste 30 Minuten: Elektro: 200 Grad, Umluft: 180 Grad, Gasofen: Stufe 3-4;
letzte 10 Minuten: Elektro: 180 Grad, Umluft: 150 Grad, Gasofen: Stufe 2; vorheizen

40 Minuten

23. *Birnenkäsekuchen*

- 150 g abgetropfter Quark
- 6 EL Milch
- 6 EL Öl
- 100 g Zucker
- 1 TL Zitronensaft
- 1 Prise Salz
- 1 Ei
- 400 g Mehl
- 1 Pck. Backpulver

BELAG:

- 1,5 kg Birnen
- Saft von 1 Zitrone
- 4 Eier
- 150 g Zucker
- 30 g Speisestärke
- 500 g abgetropfter Quark
- 80 g gehackte Mandeln
- 50 g Butter

Backblech: Fett

Für den Teig 150 g Quark durch ein Sieb streichen. Das Ei, Salz, Milch, Öl, Zucker und Zitronensaft verrühren und unter den Quark heben. Das mit Backpulver vermischte Mehl unterrühren. Gut durchkneten, ausrollen und auf ein Backblech legen.

Für den Belag die Eier trennen. Eigelb mit Zucker, Speisestärke und Quark verrühren. Steif geschlagenes Eiweiß unterheben. Die Quarkmasse auf den Teig streichen. Die Birnen schälen, Kerngehäuse entfernen und in Spalten schneiden. Mit Zitronensaft beträufeln und auf die Quarkmasse legen. Mit gehackten Mandeln und Butterflöckchen bestreuen. Backen.

Elektro: 200 Grad, Umluft: 180 Grad, Gasofen: Stufe 3-4; vorheizen

etwa 40 Minuten

24. *Zitronenblechkuchen mit Obst*

- **Saft und abgeriebene Schale von 3 Zitronen**
- **200 g Margarine**
- **150 g Zucker**
- **2 Pck. Vanillin-Zucker**
- **4 Eier**
- **250 g Mehl**
- **2-3 TL Backpulver**

BELAG:

- **3 Dosen Aprikosen (à 425 ml)**
- **300 g Himbeeren**
- **300 g Brombeeren**
- **400 g Sahne**
- **2 Pck. Sahnesteif**
- **2 Pck. Vanillin-Zucker**
- **Tiefes Backblech: Fett**

Margarine, Zucker, Vanillin-Zucker, Zitronensaft und Eier schaumig rühren. Mehl und Backpulver mit der Hälfte der Zitronenschalen mischen und einrühren. Den Teig auf Blech streichen, backen und auskühlen lassen.
Aprikosen und Beeren abtropfen lassen.
Sahne mit Sahnesteif, Vanillin-Zucker und Zitronenschale steif schlagen und auf den Teig geben.
Obst darauf setzen.

Elektro: 175 Grad, Umluft: 150 Grad, Gasofen: Stufe 2; vorheizen

etwa 20 Minuten

25. *Brombeer-Schmand-Kuchen*

- **20 g Hefe**
- **50 g Zucker**
- **200 ml lauwarme Milch**
- **380 g Mehl**
- **1 Prise Salz**
- **50 g zerlassene Butter**

BELAG:

- **1 l Milch**
- **3 Pck. Vanillepudding-pulver**
- **150 g Zucker**
- **750 g Schmand**
- **1 Ei**
- **600 g Brombeeren**
- **Tiefes Backblech: Fett**

Hefe mit 2 TL Zucker in 200 ml Milch auflösen und zugedeckt etwa 10 Minuten gehen lassen.
Mit Mehl, restlichem Zucker, Salz und Butter verkneten und an einem warmen Ort zugedeckt zur doppelten Größe aufgehen lassen.
Vanillepuddingpulver in 100 ml Milch und Zucker anrühren. Restliche Milch aufkochen.
Puddingpulver hineinrühren, aufkochen und unter Rühren etwas abkühlen lassen.
Schmand und Ei hinzugeben und auf Zimmertemperatur abkühlen lassen.
Den Teig durchkneten und auf einem Blech ausrollen. Den Rand hochziehen. 10 Minuten gehen lassen.
Die Schmand-Puddingcreme auf dem Teig verteilen und die Brombeeren darauf legen. Backen.

erste 10 Minuten: Elektro: 200 Grad, Umluft: 170 Grad, Gasofen: Stufe 3, dann auf 180 Grad (Umluft: 150 Grad, Gas: Stufe 2) reduzieren; vorheizen

etwa 40 Minuten

26. *Erdbeerschnitten*

- **100 g gemahlene Walnüsse**
- **250 g Butter**
- **175 g Zucker**
- **1 Pck. Vanillin-Zucker**
- **4 Eier**
- **275 g Mehl**
- **2-3 TL Backpulver**

BELAG:

- **1,75 kg Erdbeeren**
- **3-4 EL Johannisbeergelee**
- **1/2 l roter Johannisbeersaft**
- **2 Pck. roter Tortenguss**
- **gehackte Pistazien**
- **Backblech: Fett**

Butter, Zucker und Vanillin-Zucker schaumig rühren. Eier nach und nach dazugeben. Mehl mit Backpulver vermischen und unterrühren. Walnüsse hinzugeben. Backen und auskühlen lassen. Johannisbeergelee auf den Kuchenboden streichen und klein geschnittene Erdbeeren darauf verteilen. Tortenguss nach Packungsanleitung, aber mit Johannisbeersaft zubereiten. Erdbeeren damit überziehen und den Guss fest werden lassen. Mit gehackten Pistazien bestreuen.

Elektro: 200 Grad, Umluft: 170 Grad, Gasofen: Stufe 3; vorheizen

etwa 20 Minuten

27. *Stachelbeerkuchen*

- 450 g Mehl
- 1 TL Backpulver
- 150 g Butter, in Stücke geschnitten
- 100 g Zucker
- 1 Ei
- 1 Prise Salz
- 1/2 TL abgeriebene Zitronenschale

BELAG:

- 1 kg Stachelbeeren
- 4 EL Speisestärke
- 1/2 l Weißwein
- 250 g Zucker
- 4 EL Semmelbrösel
- 125 g gehackte Mandeln
- 6 Eiweiß
- Backblech: Fett

Mehl mit Backpulver in eine Schüssel geben und in die Mitte eine Vertiefung drücken. Butter mit Ei, Salz, Zucker und Zitronenschale in die Vertiefung geben und zu einem Teig verkneten. 30 Minuten kalt stellen.

Speisestärke in etwas Wein glatt rühren. Übrigen Wein mit 200 g Zucker aufkochen lassen, die Stachelbeeren hineingeben und 5 Minuten köcheln. Die Beeren herausnehmen, die angerührte Speisestärke in die Flüssigkeit rühren und kurz aufwallen lassen. Dann die Stachelbeeren wieder in den Topf geben und kalt stellen. Den Teig auf einem Blech ausrollen, den Rand hochziehen und 10 Minuten backen. Den Kuchen mit Semmelbröseln bestreuen, die Stachelbeermasse darauf geben und mit Mandeln bestreuen. Eiweiß mit dem restlichen Zucker steif schlagen und über Masse ziehen. Weitere 10 Minuten backen.

Elektro: 200 Grad, Umluft: 180 Grad, Gasofen: Stufe 3-4; vorheizen

etwa 20 Minuten

28. *Marmorierter Käsekuchen*

- **10 getrennte Eier**
- **40 g Kakao**
- **90 ml kochendes Wasser**
- **350 g Zucker**
- **2 Pck. Vanillin-Zucker**
- **2 kg Speisequark**
- **3 Pck. Puddingpulver (Sahnegeschmack)**
- **1 TL Zitronensaft**
- **Tiefes Backblech: Fett, Mehl**

Kakao mit kochendem Wasser zu einer cremigen Masse verrühren und abkühlen lassen.
Eigelbe, 250 g Zucker und Vanillin-Zucker cremig rühren. Quark mit Puddingpulver und Zitronensaft mischen und unterrühren. Ein Viertel der Masse mit Kakaocreme verrühren.
Eiweiße in 3 Portionen mit jeweils 2 EL Zucker steif schlagen. 1 Portion unter den Kakaoteig heben, 2 Portionen unter die restliche Teigmasse ziehen. Den hellen Teig auf einem Blech verteilen. Den dunklen Teig darauf geben. Mit einer Gabel beide Teige in Spiralform durchziehen, damit ein Marmormuster entsteht. Backen.

Elektro: 175 Grad, Umluft: 150 Grad, Gasofen: Stufe 2; vorheizen

etwa 60 Minuten

29. *Espressokuchen*

- **250 g Margarine**
- **100 g Zucker**
- **1 Pck. Vanillin-Zucker**
- **1 Prise Salz**
- **4 Eier**
- **8 EL kalter Espresso**
- **250 g Mehl**
- **2 TL Backpulver**
- **100 g geriebene Mokkaschokolade**
- **100 g gemahlene Haselnüsse**

GUSS:

- **2 EL Whiskey**
- **250 g Puderzucker**
- **1-2 EL Mokkalikör**
- **4-5 EL kalter Espresso**
- **50 g geschmolzene Mokkaschokolade**
- **Backblech: Fett**

Butter mit Zucker, Vanillin-Zucker und Salz schaumig schlagen. Eier und Espresso unterrühren. Mehl und Backpulver abwechselnd mit Mokkaschokolade, Nüssen und Whiskey zu der Eiermasse geben. Den Teig auf das Blech streichen, backen und abkühlen lassen. Für den Guss Espresso mit Likör und Puderzucker vermischen und auf den Kuchen streichen. Die Mokkaschokolade in einen Spritzbeutel geben und dünne Linien auf den Kuchen ziehen.

Elektro: 180 Grad, Umluft: 150 Grad, Gasofen: Stufe 2; vorheizen

etwa 25 Minuten

30. *Nusskuchen mit Schokolade*

- **175 g abgetropfter Quark**
- **1 Ei**
- **5 EL Milch**
- **8 EL Sonnenblumenöl**
- **4 EL Zucker, 1 Prise Salz**
- **1 Pck. Vanillin-Zucker**
- **350 g Mehl, 3 TL Backpulver**

BELAG:

- **300 g Butter**
- **250 g Zucker**
- **300 g gehackte Haselnüsse**
- **2 Eier**
- **4 EL Milch**

DECKE:

- **1 Pck. Schokoladen-Puddingpulver**
- **1/2 l Milch, 1 EL Zucker**
- **100 g Nougat**
- **250 g Butter**
- **50 g Kokosfett**
- **Backblech: Fett**

Für den Teig Quark mit Ei, Milch, Öl, Zucker, Vanillin-Zucker und Salz verrühren. Das Mehl mit Backpulver mischen und dazugeben. Die Masse gut verkneten und auf einem Blech ausrollen.

Für den Belag Zucker mit Haselnüssen in die erwärmte Butter geben, aufkochen und etwas abkühlen lassen. Eier und Milch unterrühren. Die Masse auf dem Teig verteilen. Backen und auskühlen lassen.

Für die Decke Puddingpulver mit wenig kalter Milch glatt rühren. Die restliche Rest Milch und den Zucker zum Kochen bringen, das angerührte Puddingpulver hineingeben und unter Rühren kurz aufkochen lassen. Dann vom Herd nehmen, Nougat einrühren. Ab und zu umrühren und auf Zimmertemperatur abkühlen lassen. Die schaumig geschlagene Butter einrühren. Das zerlassene Kokosfett hinzugeben und kalt stellen. Die Creme auf den Kuchen streichen.

Elektro: 200 Grad, Umluft: 180 Grad, Gasofen: Stufe 3; vorheizen

etwa 35 Minuten

31. *Blitzschokoladenkuchen*

- 200 g Butter
- 200 g Zucker
- 375 g Mehl
- 3 Eier
- 1 Pck. Vanillin-Zucker
- 3 TL Backpulver
- Milch nach Bedarf
- 125 g grob geriebene Schokolade

Guss:

- 150 g Puderzucker
- 2 EL Pulverkaffee
- 1 EL flüssige Butter
- 1 EL heißes Wasser
- Backblech: Fett

Bis auf die Schokolade alle Teigzutaten vermischen. Wenn der Teig zu fest wird, Milch unterrühren. Schokolade vorsichtig unterrühren. Auf ein Backblech streichen und backen. Für den Guss alle Zutaten vermischen und auf den Kuchen streichen. Kalt stellen.

Elektro: 200 Grad, Umluft: 175 Grad, Gasofen: Stufe 3; vorheizen

etwa 30 Minuten

32. *Nussecken von Bernadette*

- **150 g Mehl**
- **1/2 TL Backpulver**
- **65 g Zucker**
- **1 Pck. Vanillin-Zucker**
- **1 Ei**
- **2 EL Aprikosenmarmelade**
- **65 g kalte Butter**

Belag:

- **100 g Butter**
- **100 g Zucker**
- **1 Pck. Vanillin-Zucker**
- **2 EL Wasser**
- **100 g gemahlene Haselnüsse**
- **50 g Schokoladenkuvertüre**
- **Backblech: Fett**

Mehl mit Backpulver mischen und auf eine Arbeitsfläche geben. In die Mitte eine Vertiefung drücken und Zucker, Vanillin-Zucker und das Ei hineingeben und mit einem Teil des Mehls zu einem dicken Brei verarbeiten. Die kalte Butter in Stücke schneiden und auf den Brei geben. Mit dem restlichen Mehl zu einem glatten Teig verarbeiten und zu einer Kugel formen. Diese in Klarsichtfolie einschlagen und etwa 20 Minuten im Kühlschrank ruhen lassen. Anschließend zu einem Rechteck ausrollen und auf ein Backblech legen. Mit Aprikosenmarmelade bestreichen.

Für den Belag Butter, Zucker, Vanillin-Zucker und Wasser langsam erwärmen und zerlassen. Die Haselnüsse unterrühren, einmal kurz aufkochen lassen. Etwas abgekühlt gleichmäßig auf dem Teig verteilen. Vor den Teig ein mehrfach gefaltetes Stück Alufolie legen. Backen. Den Kuchen vor dem Erkalten in Vierecke von 8 x 8 cm schneiden und diese wieder in Hälften teilen, so dass Dreiecke entstehen.

Kuvertüre im warmen Wasserbad schmelzen und je eine Ecke der Dreiecke hineintunken. Auf einem Kuchengitter trocknen lassen.

Elektro: 180 Grad, Umluft: 150 Grad, Gasofen: Stufe 2-3; vorheizen

etwa 30 Minuten

33. *Kakaokuchen*

- **450 g Mehl**
- **25 g Hefe**
- **100 g Zucker**
- **200 ml lauwarme Milch**
- **100 g Butter in Flöckchen**
- **30 g Butterschmalz in Flöckchen**
- **1 Ei**
- **1 Prise Salz**
- **1 TL abgeriebene Zitronenschale**

Glasur:

- **350 g Puderzucker**
- **5 EL Kakao**
- **2 Eier**
- **100 g Kokosfett**
- **2 TL Eiweiß**
- **Backblech: Fett**

Mehl in eine Schüssel geben und in die Mitte eine Mulde drücken. Die zerbröckelte Hefe mit 1 TL Zucker in 100 ml Milch verquirlen und in die Mulde geben, dann mit Mehl vermischen. An einem warmen Ort zugedeckt 15 Minuten gehen lassen. Mit Butter, Butterschmalz, dem restlichen Zucker, der restlichen Milch, Ei, Salz und Zitronenschale zu einem geschmeidigen Teig verkneten. Weitere 30 Minuten an einem warmen Ort gehen lassen. Durchkneten, ausgerollt auf ein Backblech legen und backen. Auskühlen lassen.

Puderzucker und Kakao mit den Eiern verrühren. Das zerlassene, etwas abgekühlte Kokosfett dazugeben. Den Kuchen mit der Glasur überziehen und kalt stellen.

Elektro: 200 Grad, Umluft: 180 Grad, Gasofen: Stufe 3; vorheizen

etwa 25 Minuten

34. *Saltuner Haferkuchen (ohne Ei!)*

- **2 Tassen feine Haferflocken**
- **1 Tasse Zucker**
- **150 g Butter**
- **1 EL Mehl**
- **1 TL Backpulver**
- **Nach Belieben Rosinen, gehackte Mandeln oder Sesam**
- **Backblech: Backpapier**

Die zimmerwarme Butter mit Zucker, Mehl, Backpulver und Haferflocken verrühren. Je nach Geschmack können Rosinen in den Teig gegeben werden. Den bröseligen Teig auf dem Backpapier möglichst dünn verteilen und festdrücken. Den Boden mit Mandeln oder Sesam bestreuen. Goldgelb backen. Heiß schneiden, dann abkühlen lassen.

Elektro: 200 Grad, Umluft: 175 Grad, Gasofen: Stufe 3; vorheizen

etwa 10-15 Minuten

35. *Butterkuchen*

- 300 g Mehl
- 1 Pck. Backpulver
- 150 g Magerquark
- 75 ml Milch
- 75 ml Sonnenblumenöl
- 75 g Zucker
- 1 Pck. Vanillin-Zucker
- 1 Prise Salz
- 75 g Rosinen

BELAG:

- 125 g zerlassene, abgekühlte Butter

ZUM BESTREUEN:

75 g Zucker, 1 Pck. Vanillin-Zucker, 50 g gehobelte Mandeln

- Backblech: Fett

Mehl, Backpulver, Quark, Milch, Öl, Zucker, Vanillin-Zucker und Salz mischen und mit dem Handrührgerät (Knethaken) auf höchster Stufe in etwa 1 Minute verrühren. Rosinen unterkneten und auf der bemehlten Arbeitsfläche zu einer Rolle formen. Auf Blech ausrollen. Die zerlassene Butter auf den Teig streichen. Die Zutaten zum Bestreuen mischen und auf den Teig streuen. Vor den Teig einen mehrfach umgeknickten Streifen Aluminiumfolie legen und backen.

Elektro: 180 Grad, Umluft: 160 Grad, Gasofen: Stufe 2-3; vorheizen

etwa 20 Minuten

36. *Josefines Streuselkuchen*

- 500 g Mehl
- 1 Pck. Trockenhefe
- 1/4 l lauwarme Milch
- 50 g Zucker
- 1 Prise Salz
- 60 g zerlassene Butter
- 1 Ei

STREUSEL:

- 500 g Mehl
- 250 g Zucker
- 250 g Butter
- 1/2 TL Zimt
- 1 Eigelb und 2 EL Milch zum Bestreichen
- Backblech: Fett

Mehl mit Trockenhefe vermengen, in eine Schüssel sieben und mit den anderen Zutaten verrühren. Mit einem Holzlöffel zu einem geschmeidigen Teig schlagen, bis er sich vom Schüsselrand löst. Mit etwas Mehl bestreut, mit einem Küchentuch zugedeckt an einem warmen Ort gehen lassen, bis er sich verdoppelt hat. Dann auf einem bemehlten Brett ausrollen, auf ein Blech legen und mit einem Tuch bedeckt weitere 10 Minuten gehen lassen. Für die Streusel alle Zutaten zusammen in einer großen Schüssel mit den Händen verkneten und zu Streuseln reiben. Den Teig mehrmals mit einer Gabel einstechen, mit Eigelb, das man mit etwas Milch verrührt hat, bestreichen und mit den Streuseln belegen. Backen.

Elektro: 200 Grad, Umluft: 175 Grad, Gasofen: Stufe 3; vorheizen

etwa 30 Minuten

37. *Kranzkuchen aus der Toskana*

- **500 g Mehl**
- **3 Eier**
- **80 g Butter**
- **1 EL Anissamen**
- **50 g Rosinen**
- **1 Hefewürfel**
- **1 Tasse lauwarme Milch**
- **1 verquirltes Ei zum Bestreichen**
- **Backblech: Fett**

Mehl mit Eier, Butter, Anis und Rosinen zu Teig verkneten. Hefe in Milch auflösen und in den Teig einarbeiten. Mit einem Tuch abdecken und an einem warmen Ort 2 Stunden gehen lassen. Den Teig auf einer bemehlten Arbeitsfläche nochmals durchkneten. Große Ringe formen, auf ein Backblech legen und backen. 5 Minuten vor Ende der Backzeit mit Ei bestreichen.

Elektro: 180 Grad, Umluft: 160 Grad, Gasofen: Stufe 2-3; vorheizen

etwa 40 Minuten

38. *Körnerschnitten (ohne Ei!)*

- **125 g Honig**
- **250 g Butter**
- **375 g Vollkornmehl**
- **1 Prise Salz**

BELAG:

- **150 g Butter**
- **175 g Honig**
- **300 g Mandelblätter**
- **Backblech: Fett**

Butter schaumig schlagen und mit dem Honig verrühren. Das Vollkornmehl unterheben. Auf einem Blech ausrollen und 15 Minuten backen.

Für den Belag Butter und Honig erhitzen, Mandelblätter unterrühren. Die eingedickte Masse auf den Kuchen geben. 10 Minuten bei 220 Grad backen, wenn möglich nur mit Oberhitze.

Teig: Elektro: 200 Grad, Umluft: 175 Grad, Gasofen: Stufe 3; vorheizen; Belag: Elektro: 220 Grad, Umluft: 190 Grad, Gasofen: Stufe 3-4

Teig: etwa 25 Minuten; Belag: 10 Minuten

39. *Lekach – Jüdischer Neujahrs-Honigkuchen*

- **425 ml Honig**
- **250 ml schwarzer Kaffee (möglichst stark)**
- **300 g Weizenmehl**
- **125 g Vollkornmehl**
- **125 g brauner Zucker**
- **1 EL Backpulver**
- **2 TL gemahlener Ingwer**
- **1 TL Zimt**
- **1/2 TL Piment**
- **60 g gehackte Walnüsse**
- **3 EL Wasser**
- **4 Eier**
- **60 ml Pflanzenöl**
- **8 EL Ingwerkonfitüre**
- **Puderzucker zum Verzieren**
- **Tiefes Backblech (23,5 x 32,5 cm): Backpapier, Fett**

Mehl mit Backpulver, Zucker, Ingwer, Walnüssen, Zimt und Piment verrühren. Kaffee und Honig bei leichter Hitze erwärmen und das Wasser unterrühren.

In einer großen Schüssel Eier und Öl verrühren und die Ingwerkonfitüre dazugeben. Nun abwechselnd in mehreren Portionen die Mehl- und die Honigmasse unter die Eimasse rühren, bis alles gut vermischt ist.

Die Masse auf ein tiefes Blech gießen und backen. Abkühlen lassen und mit Puderzucker bestäuben.

Elektro: 180 Grad, Umluft: 160 Grad, Gasofen: Stufe 2-3; vorheizen

etwa 60 Minuten

40. *Teeleipä – Finnische Teefladen*

- **125 g Weizenmehl**
- **75 g Roggenmehl**
- **1/2 TL Salz**
- **2 TL Backpulver**
- **1 Glas Milch**
- **50 g Butter**

Mehl, Salz und Backpulver in einer Schüssel vermischen und mit Milch und Butter zu einem Teig verkneten. 1-2 flache Brote formen und auf ein Blech legen. Mit einer Gabel mehrmals einstechen und mit einem Teigroller kreuzförmig einkerben. Backen. Schmeckt lecker mit Marmelade oder Käse zum Nachmittagstee.

Elektro: 225 Grad, Umluft: 200 Grad, Gasofen: Stufe 4; vorheizen

etwa 10 Minuten

41. *Mandelkuchen*

- **Der Sahnebecher wird als Maßeinheit benutzt:**
- **1 Becher Sahne (200 g)**
- **1 Becher Zucker**
- **1 Pck. Vanillin-Zucker**
- **3 Eier**
- **2 Becher Mehl**
- **3/4 Pck. Backpulver**
- **abgeriebene Schale einer Zitrone**
- **1 Prise Salz**

BELAG:

- **200 g Butter**
- **160 g Mandelblättchen**
- **3/4 Becher Zucker**
- **4 EL Milch**
- **Backblech: Backpapier**

Sahne, Zucker, Vanillin-Zucker und Eier schaumig rühren.
Mehl mit Backpulver, Salz und Zitronenschale vermischen und in den Sahneteig rühren. Den Teig auf das Backblech streichen. Im Backofen auf mittlerer Schiene 10 Minuten backen.
Für den Belag Butter in einer Pfanne zerlassen. Die Mandeln einstreuen und anbräunen. Erst den Zucker, dann die Milch hinzugeben und kurz aufschäumen lassen.
Den Teig aus dem Backofen nehmen und mit dem Belag übergießen. Weitere 15 Minuten backen.

Elektro: 200 Grad, Umluft: 175 Grad,
Gasofen: Stufe 3; vorheizen

etwa 25 Minuten

42. *Kieler Schnitten*

- **300 g Weizenmehl**
- **1 TL Backpulver**
- **75 g Puderzucker**
- **1 Pck. Vanillin-Zucker**
- **1 TL gemahlener Zimt**
- **1 Ei**
- **1 Prise Salz**
- **100 g gemahlene, geröstete Mandeln**
- **200 g Butter**
- **100 g Himbeerkonfitüre zum Bestreichen**

GUSS:

- **2 EL Himbeerkonfitüre**
- **100 g Puderzucker**
- **2-3 EL Rum**
- **Backblech: Backpapier, Fett**

Alle Teigzutaten mit einem Handrührgerät (Knethaken) kurz auf niedrigster Stufe, dann auf höchster Stufe gut durchrühren und zu einem glatten Teig verkneten. Auf einer bemehlten Arbeitsfläche etwa 3 mm dick ausrollen und in 6 Streifen von etwa 12 x 28 cm schneiden. Diese auf zwei Backblechen verteilen und nacheinander (bei Heißluft zusammen) backen.

Vier erkaltete Streifen mit Himbeerkonfitüre überziehen. Jeweils zwei aufeinander setzen und mit den unbestrichenen Gebäckstreifen bedecken.

Dann die oberen Gebäckstreifen mit Himbeerkonfitüre bestreichen. Den mit Rum verrührten Puderzucker auf die Gebäckstreifen streichen.

Elektro: 180 Grad, Umluft: 160 Grad,
Gasofen: Stufe 2-3; vorheizen

etwa 12-15 Minuten

43. *Thüringer Mohnkuchen*

- **300 g Weizenmehl**
- **1 Pck. Backpulver**
- **150 g Speisequark**
- **6 EL Milch**
- **6 EL Sonnenblumenöl**
- **75 g Zucker**
- **1 Pck. Vanillin-Zucker**
- **1 Prise Salz**

Belag:

- **250 g gemahlener Mohn**
- **100 ml heißes Wasser**
- **1 Pck. Puddingpulver (Vanillegeschmack)**
- **750 ml Milch**
- **50 g Weizengrieß**
- **200 g Zucker**
- **50 g Rosinen**
- **1 TL Zitronensaft**
- **2 Eigelb**
- **2 Eiweiß**
- **Backblech: Fett**

Mehl mit Backpulver, Quark, Milch, Öl, Zucker, Vanillin-Zucker und Salz vermischen. Mit dem Handrührgerät (Knethaken) auf höchster Stufe in etwa 1 Minute zu Teig verkneten. Den Teig auf einer bemehlten Arbeitsfläche zu einer Rolle formen und auf dem Backblech ausrollen.

Das Puddingpulver mit 8 EL Milch, Grieß und Zucker anrühren. Die übrige Milch aufkochen lassen, von der Kochstelle nehmen und das angerührte Puddingpulver einrühren. Nochmals kurz aufkochen lassen.

Mohn, Rosinen und Zitronensaft dazugeben. Die Hälfte der Masse auf den Teig streichen. Die andere Hälfte mit Eigelb verrühren, dann das steif geschlagene Eiweiß unterheben und auf die Teigmasse streichen. Backen.

Elektro: 180 Grad, Umluft: 160 Grad, Gasofen: Stufe 2-3; vorheizen

25-30 Minuten

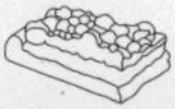

44. *Ostertaube aus der Lombardei*

- **500 g Mehl**
- **1 Würfel Hefe**
- **lauwarmes Wasser**
- **120 g Zucker**
- **150 g Butter**
- **3 Eier**
- **1 Prise Salz**
- **60 g Rosinen**
- **Zitronat und Orangeat, gewürfelt**
- **Gehäutete und in je zwei Hälften geteilte Mandeln und Hagelzucker zum Verzieren**
- **Verquirltes Eigelb zum Bestreichen**
- **Backblech: Fett**

Hefe mit wenig Wasser und 2 EL Zucker auflösen. Mehl in eine Schüssel geben und in die Mitte eine Mulde drücken. Das Hefegemisch hineingießen und mit Mehl vom Rand bedecken. An einem warmen Ort zugedeckt etwa 30 Minuten gehen lassen, dann mit dem Mehl verkneten. Bis auf 1 Rosine alle weiteren Zutaten untermischen und kräftig durchkneten. Wenn sich der Teig von dem Schüsselrand löst, kann man ihn zu einer Kugel formen. Abdecken und an einem warmen Ort auf doppelte Größe aufgehen lassen. Nochmals durchkneten und auf ein Backblech setzen. Zu einer Taube formen. 1 Rosine als Auge platzieren. Die Mandeln als Federkleid einsetzen. Mit dem Eigelb die Taube bepinseln und mit Hagelzucker bestreuen. Goldbraun backen.

Elektro: erste 10 Minuten 200 Grad, Umluft: 175 Grad, Gasofen: Stufe 3; dann auf 180 Grad reduzieren (Umluft: 160 Grad, Gasofen: Stufe 2-3;); vorheizen

etwa 45 Minuten

45. *Gemünder Hefezopf*

- 500 g Mehl
- 1 Pck. Trockenhefe
- 2 EL Zucker
- 1/4 l angewärmte Milch
- 1-2 EL Milch
- 1 Ei
- 1/2 TL Salz
- 50 g Butter
- 100 g Mandeln
- 1 Eigelb zum Bestreichen
- Backblech: Fett

Mehl mit der Hefe in eine große Schüssel geben. In die Mitte eine Mulde drücken und den Zucker hineingeben, mit etwas Mehl verrühren und mit der Hälfte der Milch zu einem Brei mischen. Ei und Salz hinzufügen und mit dem übrigen Mehl vom Rand aus weiter verrühren. Nach und nach die in der übrigen Milch aufgelöste Butter unter den Teig rühren. Diesen so lange mit einem Holzlöffel schlagen, bis er Blasen wirft und sich vom Boden der Schüssel löst. Zu einem runden Kloß formen und in der Schüssel zugedeckt an einem warmen Ort etwa 20 Minuten gehen lassen, bis der Teig etwa doppelt so hoch ist. Auf einer bemehlten Unterlage den Teig zu einer Rolle formen und zu einem Zopf flechten. Auf ein Backblech legen und nochmals 10 Minuten gehen lassen. Eigelb mit 1-2 EL Milch verrühren und den Zopf bestreichen. Backen.

Elektro: 180 Grad, Umluft: 150 Grad,
Gasofen: Stufe 2; vorheizen

etwa 20-30 Minuten

46. *Sandschnitten*

- **250 g zimmerwarme Butter**
- **200 g Zucker**
- **1 Pck. Vanillin-Zucker**
- **1 Prise Salz**
- **4 Eier**
- **125 g Mehl**
- **125 g Speisestärke**
- **1/2 TL Backpulver**
- **50 g gehobelte Mandeln**

GUSS:

- **50 g Puderzucker**
- **4 EL Orangensaft**
- **2 EL Zitronensaft**
- **Backblech: Fett, Mehl**

Butter, Zucker, Vanillin-Zucker und Salz mit Handrührgerät schaumig rühren. Nach und nach die Eier dazurühren. Mit Speisestärke und Backpulver gemischtes Mehl nach und nach unterrühren. Den Teig auf ein Backblech streichen, mit Mandeln bestreuen. Backen.

Puderzucker mit Orangen- und Zitronensaft verrühren und den abgekühlten, aber noch warmen Kuchen damit bestreichen.

Elektro: 180 Grad, Umluft: 160 Grad,
Gasofen: Stufe 2-3; vorheizen

etwa 20 Minuten

47. *Schneewittchenkuchen*

- **Grundteig, siehe Selterskuchenteig (Rezept Nr. 2)**

BELAG:

- **1 Glas Sauerkirschen**
- **250 g weiche Butter**
- **1/2 l Milch**
- **1 Pck. Vanillepudding**
- **250 g Kokosfett**
- **6 EL Zucker**
- **1 EL Milch**
- **6 EL Kakao**
- **2 Eier**
- **Backblech: Backpapier**

Teig auf Blech geben. Die abgetropften Kirschen auf den Teig legen, backen. Abkühlen lassen. Aus Milch, Puddingpulver und 2 EL Zucker einen Pudding kochen und abkühlen lassen. Die Butter unterrühren und den Kuchenboden mit der Creme bestreichen. Das Kokosfett zerlaufen und abkühlen lassen, mit Eiern, 1 EL Milch, 4 EL Zucker und Kakao verrühren und über die Creme streichen. Kühl stellen.

Elektro: 175 Grad, Umluft: 150 Grad, Gasofen: Stufe 2; vorheizen

etwa 20-30 Minuten

48. *Briketts vom Blech*

- 150 ml Sonnenblumenöl
- 400 g Zucker
- 6 Eier
- 400 g Weizenmehl
- 1 Pck. Backpulver
- 150 ml Milch

Guss:

- 400 g Zartbitterschokolade, klein gehackt
- 1/2 l Milch
- 130 g Zucker
- 250 g Butter
- 400 g Kokosraspel zum Bestreuen
- Tiefes Backblech: Fett

Öl und Zucker mit einem Handrührgerät verrühren und nach und nach die Eier dazugeben. Das mit Backpulver gemischte Mehl portionsweise mit Milch unterrühren. So viel Milch nehmen, bis der Teig schwer reißend vom Löffel fällt. In ein tiefes Blech streichen, backen und erkalten lassen. Kuchen in Brikett-Rechtecke von 8 x 4 cm schneiden. Für den Guss die Milch aufkochen. Nacheinander Schokolade, Zucker und Butter in die Masse einrühren und auflösen. Die „Briketts" mit der Mischung übergießen und mit Kokosraspeln bestreuen.

Elektro: 180 Grad, Umluft: 160 Grad, Gasofen: Stufe 3; vorheizen

etwa 30 Minuten

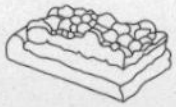

49. *Schneeballkuchen*

- 175 g Mehl
- 1 TL Backpulver
- 150 g Zucker
- 3 EL heißes Wasser
- 4 Eier

Belag:

- 10 Blatt weiße Gelatine
- 2 Dosen Mandarinen (Abtropfgewicht je 420 g)
- 150 ml Mandarinensaft
- 80 g Zucker
- 2 Pck. Vanillin-Zucker
- 100 g Orangen-Getränkepulver
- 600 g Schmand
- 400 ml steif geschlagene Schlagsahne

Eier, Wasser und Zucker mit einem Handrührgerät auf höchster Stufe schaumig schlagen. Das mit Backpulver vermischte Mehl nach und nach unterrühren. Den Backrahmen auf ein Blech stellen und den Teig auf das Blech streichen, backen und erkalten lassen.

Für den Belag die Gelatine nach Anleitung einweichen. Die Mandarinen abtropfen lassen und 150 ml Saft auffangen. Den Saft mit Zucker, Vanillin-Zucker, Getränkepulver und Schmand verrühren.

Die aufgelöste Gelatine mit etwas Mandarinensaft verrühren und dann mit dem restlichen Saft zum Schmandgemisch geben. Schlagsahne und Mandarinen unter dickliche Masse heben und auf dem Kuchen verteilen. 36 Stücke markieren und fest werden lassen.

SCHNEEBÄLLE:

- **4 Blatt weiße Gelatine**
- **400 ml Schlagsahne**
- **50 g Zucker**
- **1 EL Kakaopulver zum Bestreuen**
- **Backblech: Mehl und Fett**
- **Backrahmen**

Zur Bereitung der Schneebälle Gelatine nach Packungsanleitung auflösen. Fast steif geschlagene Sahne, Zucker und Gelatine verrühren und steif schlagen.

Fest werden lassen und 36 Kugeln mit Eisportionierer oder 2 Esslöffeln formen und jeweils auf ein Kuchenstück setzen. Mit Kakaopulver bestäuben.

Elektro: 180-200 Grad (nicht Umluft!), Gasofen: Stufe 2; vorheizen

etwa 12 Minuten

50. *Tigerentenkuchen*

- **300 g weiche Butter**
- **Saft und Schale von einer Zitrone**
- **250 g Zucker**
- **1 Prise Salz**
- **6 Eier**
- **500 g Mehl**
- **1 Pck. Backpulver**
- **250 g Schmand**
- **150 g Vollmilch-Kuvertüre**
- **200 g plus 1-2 TL Puderzucker**
- **etwas gelbe Speisefarbe**
- **6 bunte Schokolinsen**
- **4 Lakritzschnecken**
- **Pappe, 2 Gefrierbeutel**
- **Backblech (35 x 40 cm): Fett**

Butter, Zucker, Salz und Zitronenschale schaumig rühren. Nach und nach die Eier dazugeben. Mehl mit Backpulver mischen und abwechselnd mit Schmand und Zitronensaft unterrühren. Teig auf ein Backblech streichen, backen und auskühlen lassen. Aus der Pappe 2 Enten (eine große, eine kleine) schneiden und auf den Kuchen legen. Die Ränder mit einem Messer nachritzen und die Pappe entfernen. Die Kuvertüre im heißen Wasserbad schmelzen und in einen Gefrierbeutel gießen. 200 g Puderzucker, Speisefarbe und 2-3 EL Wasser verrühren und in den zweiten Gefrierbeutel gießen. Jeweils eine Ecke abschneiden und abwechselnd Streifen in die Tigerenten spritzen. Die Schokolinsen als Augen, die Lakritzschnecken als Füße einsetzen. Trocknen lassen und mit Puderzucker bestäuben.

Elektro: 175 Grad, Umluft: 150 Grad, Gasofen: Stufe 2; vorheizen

etwa 20-30 Minuten

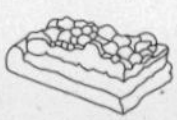

51. *Erdbeer-Grieß-Kuchen*

- **150 g Butter**
- **120 g Zucker**
- **1 Pck. Vanillin-Zucker**
- **1 Prise Salz**
- **3 Eier**
- **50 g Mehl**
- **2 TL Backpulver**
- **6 EL Milch**
- **200 g Hartweizengrieß**

CREME:

- **10 Blatt rote Gelatine**
- **2 Pck. (je 300 g) TK-Erdbeeren, aufgetaut**
- **100 g gesiebter Puderzucker**
- **1/2 l steif geschlagene Schlagsahne**
- **Backblech: Fett**
- **Backrahmen**

Butter, Zucker, Vanillin-Zucker und Salz mit einem Handrührgerät sorgfältig vermischen und nach und nach die Eier unterrühren. Mehl mit Backpulver mischen und abwechselnd mit Milch und Grieß unter den Teig rühren. Auf ein Blech streichen und einen mehrfach geknickten Streifen Alufolie vor den Teig legen. Backen. Kuchen erkalten lassen und um ihn einen Backrahmen stellen. Für die Creme Gelatine nach Packungsanleitung einweichen. Ausdrücken und erwärmen, bis sie sich aufgelöst hat und abkühlen lassen. Die Erdbeeren mit Puderzucker pürieren, mit der Gelatinemasse verrühren und kalt stellen. Die Sahne unter die dickliche Pürreemasse heben und auf dem Kuchen verteilen. Kalt stellen. Backrahmen entfernen.

Elektro: 200 Grad, Umluft: 180 Grad, Gasofen: Stufe 3-4; vorheizen

etwa 25-30 Minuten

52. *Pfirsich-Schokoladen-Kuchen*

- **100 g Zartbitterschokolade, in kleine Stücke zerteilt**
- **250 g Butter**
- **150 g Zucker**
- **6 Eigelb**
- **250 g Mehl**
- **3 TL Backpulver**
- **6 Eiweiß**

BELAG:

- **1,5 kg Pfirsiche oder 2 Dosen Pfirsichhälften (Abtropfgewicht je 500 g)**
- **3 EL Puderzucker zum Bestäuben**
- **Tiefes Backblech: Fett, Mehl**

Schokolade in einem warmen Wasserbad zu einer geschmeidigen Masse verrühren und etwas abkühlen lassen. Butter und Zucker mit einem Handrührgerät geschmeidig rühren, bis eine gebundene Masse entstanden ist. Nach und nach Eigelb sowie Mehl, Backpulver und Schokolade dazugeben. Das Eiweiß steif schlagen und unterheben. Auf ein Blech streichen. Für den Belag die Pfirsiche kurz in kochendes Wasser legen, in kaltem Wasser abschrecken, enthäuten und halbieren – oder aber aus der Dose abtropfen lassen.

Mit der Schnittfläche nach unten dicht aneinander auf den Teig legen und backen. Mit Puderzucker bestäuben.

Elektro: 180 Grad (vorheizen), Umluft: 160 Grad (nicht vorheizen), Gasofen: Stufe 2-3 (nicht vorheizen)

etwa 40 Minuten

53. *Bilderkuchen*

- **250 g Weizenmehl**
- **2 TL Backpulver**
- **120 g Zucker**
- **1 Pck. Vanillin-Zucker**
- **1 Prise Salz**
- **2 TL Zitronensaft**
- **3 Eier**
- **150 g Butter**
- **100 ml Milch**

BELAG:

- **2 Becher (je 200 ml) Schlagsahne**
- **40 g Butter**
- **200 g Zucker**
- **200 ml Milch**
- **1 Pck. Saucen-Pulver Vanille-Geschmack**
- **einige Blättchen buntes Speisepapier und bunte Zuckerschrift zum Garnieren**
- **Backblech: Fett**

Alle Teigzutaten vermischen und mit dem Handrührgerät auf höchster Stufe zu einem glatten Teig verarbeiten. Auf ein Blech streichen, backen und abkühlen lassen. Für den Belag Sahne, Butter und Zucker zum Kochen bringen und von der Kochstelle nehmen. Milch und Saucen-Pulver verrühren und zu der Butter-Sahne-Sauce geben. Aufkochen lassen und bei mittlerer Hitze in etwa 25 Minuten zu einer dicken Creme einkochen lassen, dabei gelegentlich umrühren. Die Creme auf den Kuchen streichen und erkalten lassen. Dann in Stücke schneiden. Speisepapier zuschneiden und mit Zuckerschrift Bildchen darauf malen (Sonne, Mond etc.) und trocknen lassen. Speisepapier auf die Kuchenstücke legen oder stecken.

Elektro: 200 Grad, Umluft: 180 Grad, Gasofen: Stufe 3-4; vorheizen

20-25 Minuten

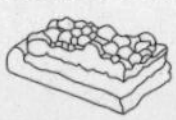

54. *Schokokusskuchen*

- **5 Eier**
- **2 EL heißes Wasser**
- **125 g Zucker**
- **1 Pck. Vanillin-Zucker**
- **50 g Mehl**
- **3 TL Backpulver**
- **200 g gemahlene Mandeln**
- **4 EL Haferflocken**

BELAG:

- **12 Schokoküsse**
- **250 g Magerquark**
- **50 g Zartbitter-Schokoladenraspel**
- **600 ml Sahne**
- **2 Pck. Sahnesteif**
- **Tiefes Backblech: Backpapier**

Eier, Wasser, Zucker und Vanillin-Zucker schaumig rühren. Mehl und Backpulver mischen und mit Mandeln und Haferflocken unter die Eiercreme heben. Den Teig auf das Blech streichen und backen. Auskühlen lassen. Ein Viertel des Bodens abschneiden und zerbröseln. Mit Aluminiumfolie einen Streifen um den restlichen Boden legen. Die Waffelböden der Schokoküsse entfernen und Schaummasse mit Quark und Schokoladenraspeln verrühren. Sahne mit Sahnesteif steif schlagen und unterheben. Biskuitbrösel bis auf etwas Rest ebenfalls unterheben und die Masse auf den Kuchenboden streichen. Die restlichen Brösel über den Kuchen streuen und je nach Laune mit Waffelböden verzieren. Mindestens 1 Stunde kühl stellen.

Elektro: 180 Grad, Umluft: 150 Grad, Gasofen: Stufe 2-3; vorheizen

15 Minuten

55. *Bananen-Nuss-Kuchen*

4 Eier
3 EL heißes Wasser
150 g Zucker
2 Pck. Vanillin-Zucker
80 ml Öl
130-150 ml Mineralwasser
300 g Mehl
3 TL Backpulver

Belag:
10 Bananen
Saft von 3 Zitronen
150 g gemahlene Haselnüsse
700 ml Sahne
3 Pck. Sahnesteif
1 Pck. Vanillin-Zucker
Schokoladenraspel

Backblech: Fett

Eier mit heißem Wasser schaumig rühren und Zucker, Vanillin-Zucker, Öl und Mineralwasser dazugeben. Mehl und Backpulver unterheben und den Teig auf ein Blech streichen. Backen. Die Bananen längs vierteln, in kleine Stücke schneiden und mit Zitronensaft beträufeln. Haselnüsse unterheben und die Masse auf dem abgekühlten Boden verteilen. Die Sahne mit Sahnesteif und Vanillin-Zucker steif schlagen und auf die Bananenmasse streichen. Mit Schokoladenraspeln verzieren.

Elektro: 175 Grad, Umluft: 150 Grad,
Gasofen: Stufe 2; vorheizen

20 Minuten